AF320366

esprit des jours

Edition : BoD · Books on Demand, 31 avenue Saint-Rémy, 57600 Forbach, bod@bod.fr
ISBN : 978-2-3224-8719-6

Impression : Libri Plureos GmbH, Friedensallee 273, 22763 Hamburg (Allemagne)

Rédaction : 2024
Dépôt légal : janvier 2025

Basty

esprit des jours

connaitre
au fil des mots

~ à la connaissance ~

La vie n'attend pas plus que la mort.
Cultive l'art de saisir le sort.

Passe par le paysage révélé.
Il ouvre le choix toujours renouvelé.

~ l'amour ne se négocie pas ~

Finis-en

L'infini est un fini qui tourne sur lui-même.
En as-tu fait le tour ?
Continues-tu de tourner sur lui-même ?
Es-tu sorti du manège ?
As-tu cessé de tourner ?
Y a-t-il autre chose ailleurs ?
Est-ce un infini ?
Est-ce un infini qui tourne aussi ?
Y a-t-il quelqu'un qui s'est arrêté de tourner ?
Quelqu'un, quelque chose qui ne bouge pas ?
S'il te plait, dessine-moi le silence.
Alea jacta est.

Au bout du silence vit la musique.
Dans la musique, entends la tienne.
Tu danses, tu chantes, mets-y du cœur, fais-le en paix,
en âme et conscience, avec le sourire.
Alea jacta est.

21 heures

21 heures de passion.
La vie me gagne.
Je souffre ma jouissance.
J'ai rendu toute reliance.

21 heures de passion.
La vie m'emporte.
Je lève toute arrogance.
Je parle de puissance.

21 heures de passion.
La vie m'emmène.
Je passe toute indolence.
Je suis ton absence.

21 heures de passion.
La vie m'épouse.
Je saisis l'alliance.
Je livre ma dépendance.

21 heures de passion.
La vie m'enlace.
J'épuise toute ignorance.
Je refuse l'abstinence.

21 heures de passion.
La vie me lacère.
Je perds toute espérance.
Je subis la décadence.

21 heures de passion.
La vie m'épuise.
Je touche mon insignifiance.
Je gage la repentance.

21 heures de passion.
La vie me vide.
Je laisse cette abondance.
Je pars pour la transe.

21 heures de passion.
La mort me tient.
Je vois cette existence.
J'ai appris la connaissance.

Chemin

Chemin du réel plein d'illusions.
Tu t'avances entre terre et ciel.
Tu te cognes au concret solide.
Tu te caresses à l'éther évanescent.
Tu te coagules au socle cohérent.
Tu te dissous au fluide subtil.

Chemin du réel plein d'illusions.
Tu pousses au sol et tires au vide.
Tu marches vers ce souffle.
Tu voles vers cette terre.
Tu te couches au vent violent.
Tu te perds à l'horizon fuyant.

Chemin du réel plein d'illusions.
Tu t'attaches à être libre.
Tu t'arraches de ton lien.
Tu t'effondres de liberté.
Tu dépasses ce qui te retient.
Tu dévoiles l'espace sans prise.

Chemin du réel plein d'illusions.
Tu remplis le néant.
Tu marques l'effacement.
Tu évanouis l'existence.
Tu signes de ton corps.
Tu danses de ton esprit.

Ton geste et ton idée.
Ta réalité et ta chimère.
Ton chemin est vivant.
Ta vie explore l'avant.
Tu évolues entre les mondes.
Âme éternelle et cœur qu'on crée.

T'es pas tranquille

Tant que tu forceras des non-dits malsains, tant que tu cacheras les paroles vraies, tant que tu forceras ta mauvaise raison en ruine, tant que tu cacheras ta belle fragilité inébranlable, tant que tu vivras de peur d'exister, tant que tu vivras à sauver ta place sournoisement ou violemment...

Tant que tu n'exprimeras pas ta sincérité et ton honnêteté, tant que tu fuiras les mots véritables du cœur, tu continueras de putasser et saloper. Tu pleureras pour dire encore : "c'est pas qu'est-ce que je voulais...". Mais tu continueras.

Personne ne voudra savoir regarder qui tu es, si tu agis de gré ou de force, et pourquoi tu continues. Chacun usera de ta salissure en fonction de ses besoins.

Mais moi, je vois, je sais. Je n'en veux pas sur moi. Je le dis. Il n'est pas bon de laisser corps et esprit souffrir ainsi. C'est un crève-cœur. C'est faire de la vie une gangrène, la mort même s'y résoudra mais n'en veut pas. Seule la peur cultive cet enfer décadent, puant et pitoyable.

Alors, non, tu n'es pas tranquille. C'est ton prix pour appartenir à une société reconnue bienfaisante, bien-pensante et bien-disante, en toute déviance et perversion par soif de pouvoir dominer. Tu peux choisir cette souffrance, je n'en veux définitivement pas. Je prêche un autre chemin à qui m'approche. Certains en font leur tranquillité retrouvée, d'autres me vomissent leurs immondices dessus. Certains se mettent au défi de me surpasser ou me raisonner par admiration, d'autres de me tuer par orgueil ou dégoût... Peu importe, je continue, sans peur de dire ou ne pas dire, sincèrement et honnêtement, je suis tranquille.

Qui ?

Qui est-il ?
Il est Dieu.
Mais qui est Dieu ?
Il est le cœur.
Quel est ce cœur ?
Celui qui définit, régule et relie toute existence en toute forme de vie.
J'accepte de vivre en lui et par lui.
J'accepte qu'il vive en moi et par moi.
Il porte mon corps et mon esprit.
Je porte sa parole et ses actes.
Notre union est paix.
Notre dissociation est souffrance.

Moment présent

Vivre en interface, être un régulateur constant de l'intérieur vers l'extérieur et vice versa. Etablir et suivre le meilleur rapport de concordance, fluidité, compatibilité, capacité et efficacité.

Le vivant déroule son parcours toujours en mouvement, d'objectif en objectif. Tous les objectifs peuvent être envisagés et rendus possibles. Une posture dynamique doit positionner une action vers un objectif, en fonction des conditions internes et externes du moment.
Pour atteindre un même objectif, les chemins, méthodes et approches sont multiples. Ces moyens se ressemblent mais sont toujours différents. Le moment présent est toujours un moment particulier et inédit. Il se colore du contexte mis en jeu qui relève de l'état d'un individu, de l'état de l'environnement et de la perception de l'ensemble. Toutes les composantes varient en continu et conditionnent chaque instant rendu unique.
Dans ce mouvement permanent, il convient de veiller au contexte, et de continuellement ajuster son état d'être en tant qu'interface équilibrant un milieu interne et externe. De manière consciente ou non, chaque instant se vit dans l'équilibre d'un objectif établi depuis un individu ou depuis son environnement. Vivre activement et choisir d'orienter un parcours nécessite qu'un objectif soit clairement défini avant toute chose. Il doit être bien intégré et régulièrement rappelé. C'est dans ce but, pour lui et en fonction de lui, que l'action pourra être orientée. Mais il ne doit pas être le seul sujet à focaliser. Sa réalisation dépend de la posture du

maitre d'œuvre. Dans le moment présent, la priorité est de focaliser sur l'art de se positionner en bonne interface. C'est la condition nécessaire à la meilleure exploitation de l'instant présent. Pour saisir le contexte dans ce qu'il offre de plus favorable, il est nécessaire d'établir le meilleur rapport de coopération entre état interne et externe. C'est la priorité permettant le meilleur ensemble au service de l'objectif défini comme fil conducteur.

Dans une bonne posture en interface, l'intérieur et l'extérieur sont considérés et utilisés à notre avantage. Il y a toujours moyen de trouver là des outils efficients. L'extérieur est informé des besoins exprimés au regard des capacités qu'il présente, et l'intérieur est nourri pour se développer de manière favorable à la mise en œuvre des compétences nécessaires.

Il y a toujours une réussite à vivre, ou des éléments constructifs à valoriser, pour qui sait se poser en bonne interface au moment présent.

Le moment présent offre une danse libre, ouverte à tous. Cette danse offre une vie à inventer à chaque instant. La place, l'instant, le moment d'un équilibre et d'une fluidité à s'offrir au présent, d'hier à demain, depuis l'avant vers l'après, au cœur d'une existence en devenir.

Temps de créer

La matière prend corps, c'est le passé ; le passé est concrétisé.
L'éther exprime l'esprit, c'est le futur ; le futur est dissout.

Produire de la matière pour alimenter le passé.
Consommer de la matière pour dissoudre du passé.

Produire de l'éther pour alimenter le futur.
Consommer de l'éther pour concrétiser du futur.

Produire de l'éther en consommant de la matière.
Produire du futur en dissolvant du passé.

Produire de la matière en consommant de l'éther.
Produire du passé en concrétisant du futur.

Consommer de la matière, c'est produire de l'éther.
Déstructurer du passé effectif, c'est libérer du futur potentiel.

Consommer de l'éther, c'est produire de la matière.
Structurer du futur potentiel, c'est installer du passé effectif.

Le temps de créer se passe au présent. Il forme et informe. Il perpétue un cycle infini évoluant en un scénario toujours inédit.

Condition

Nous intégrons un monde plus petit.
Plus petit accomplit son travail dans son propre paradigme de vie, sans connaissance de notre condition.

Nous intégrons un monde plus grand.
Plus grand accomplit son travail dans son propre paradigme de vie, sans que nous en connaissions les conditions.

Plus petit est conditionné par plus grand.
Plus grand est conditionné par plus petit.
Plus grand définit les scénarios disponibles pour la mise en œuvre d'une destinée.
Plus petit définit les moyens d'action disponibles pour la mise en œuvre d'un scénario.

Nous nous accomplissons comme individu et collectif en permettant la juste concordance entre le plus petit et le plus grand que nous intégrons.

Equilibre

Dieu et univers ; Cœur et cosmos.

Ne pas s'opposer Dieu, ni pour le bien ni pour le mal, mais accompagner et cultiver un cœur en son équilibre.
On ne décide pas pour Dieu sur simple constat analytique sans savoir, on choisit un mouvement à suivre pour la meilleure danse que celui qui sait peut comprendre.
Dieu ; cœur ; âme.
S'opposer : souffrir ; se refuser et s'exclure.
Accompagner : nourrir et enrichir son bon sens ; s'aimer.
Ni s'opposer ni accompagner : vivre et transpirer le chaos entre intérieur et extérieur.

Ne pas s'opposer l'univers, ni pour le bien ni pour le mal, mais accompagner et cultiver un cosmos en son équilibre.
On ne décide pas pour l'univers sur simple constat analytique sans savoir, on choisit un mouvement à suivre pour la meilleure danse que celui qui sait peut comprendre.
Univers ; cosmos ; environnement.
S'opposer : vomir ; refuser l'autre et s'en exclure.
Accompagner : intégrer le bon sens de l'autre ; l'aimer.
Ni s'opposer ni accompagner : vivre et absorber le conflit entre extérieur et intérieur.

Dieu dedans, Dieu dehors ; L'univers dehors, l'univers dedans. Ils sont le même en nous et autour, nous le développons en un plus grand qui nous dépasse, nous nourrit et nous gouverne.

Circule

Quoi que ce soit qui vienne te peser dessus.
Quoi que ce soit qui vienne t'endolorir dedans.
Peu importe que cela t'appartienne ou pas.
Peu importe que la raison soit tienne ou pas.
Ne le retiens pas sur toi.
Ne le rejette pas sur l'autre.
Résous cet état pénible.
Fais ton travail et développe ton mouvement.
Régule, transforme, coagule et dissous.
Transite et intègre l'expérience.
Cela est bon pour toi, tu grandis ton pouvoir.
Cela est bon pour l'autre, tu instruis son pouvoir.
Apprends à circuler tout ce qui te vient.
Nourris-toi et évacue l'excès.

Relation informationnelle

Niveaux de densité et expression informationnelle :

Matière ; molécule : information condensée et concrète. Elle priorise l'expression au niveau physique. Elle est en relation avec l'onde qui la relaye pour prétendre à diffuser une information potentielle.

Onde ; vibration : information diffuse et potentielle. Elle priorise l'expression au niveau psychique. Elle est en relation avec la matière qui la filtre pour prétendre à condenser une information concrète.

La matière est toujours couplée à l'onde dont elle est une manifestation concrète. L'onde est première et peut se suffire en tant qu'information. Lorsque l'information est condensée, c'est la matière qui prime, c'est une expression du domaine moléculaire. Lorsque l'information est diffuse, c'est l'onde qui prime, c'est une expression du domaine vibratoire.

La relation informationnelle se joue tant au niveau matériel qu'au niveau ondulatoire. Chaque relation informationnelle établit un rapport de prédominance, et des conditions d'expression se traduisant prioritairement sur le plan ondulatoire (psychique) ou sur le plan matériel (physique). Aussi bien que l'idée précède l'objet concret, l'onde (première et suffisante) exprime d'abord l'information de manière diffuse pour permettre ensuite l'expression condensée en matière. Toute expression de tout élément matériel ou mouvement ondulatoire peut se réguler, se modérer ou se transformer par l'apport d'une information signifiante en relation à l'élément ou au mouvement ciblé.

Exemple en réduction, dissipation ou éradication :

L'apport d'une information en opposition permet d'atténuer, voire éliminer, un élément ou un mouvement. Un apport moléculaire ou vibratoire est un apport informationnel.

Afin de diminuer un élément matériel, un apport moléculaire en opposition à cet élément peut être mis en relation. L'apport en opposition doit se présenter en quantité (ou pouvoir informationnel) supérieur à l'élément ciblé.

Afin de diminuer un mouvement ondulatoire, un apport vibratoire en opposition à ce mouvement peut être mis en relation. L'apport en opposition doit se présenter en puissance (ou pouvoir informationnel) supérieure au mouvement ciblé.

Cependant, un élément matériel peut aussi être diminué par un apport vibratoire, comme un mouvement ondulatoire peut être diminué par un apport moléculaire. En effet, la matière étant toujours couplée à l'onde qui la caractérise, il est évident que cette onde émise puisse directement affecter un autre mouvement ondulatoire, ou que la matière puisse directement être affectée par un mouvement ondulatoire qui perturberait son onde.

Un apport en opposition peut donc aussi bien se concevoir de façon moléculaire que vibratoire, autant vers une cible matérielle que vers une cible ondulatoire. Cet apport semble être prioritairement reçu et traité par sa forme équivalente, matière sur matière, et onde sur onde. Il en résulte une information transformée pour figurer le meilleur équilibre commun des composantes, selon le rapport de force établit par la dominance de pouvoir informationnel de l'une vis-à-vis de l'autre. Les répercussions de cette mécanique prennent toujours effet vers le niveau le plus dense que permet d'exprimer le nouvel ensemble informationnel. Une composante moléculaire insuffisante peut simplement être annihilée par une autre composante moléculaire en opposition. Une composante moléculaire insuffisante peut aussi être dématérialisée par une autre composante vibratoire en opposition. Il en est de même pour une composante vibratoire qui peut se voir transformée, condensée en matière ou non, par une composante vibratoire ou moléculaire opposée.

Relations, transformations et régulations :
L'équilibre onde/matière figure le point pivot de notre réalité concrète, ou du moins perçue comme telle. Chaque composante interagit avec son environnement. Le pouvoir informationnel mis en relation va alors perturber ou conforter un état existant. La relation informationnelle se joue à tous les niveaux de densité. Cependant, elle se comprend et s'établit, toujours en premier lieu, au travers du pouvoir et de la capacité d'un rayonnement vibratoire signifiant pour un élément donné. Ce que nous voyons, ce que nous considérons comme anéantissement ou disparition d'un côté et création ou apparition de l'autre, n'est que la mécanique continue de transformations caractérisant notre monde en mouvement. C'est ce que nous appelons la vie. La vie émerge de cet équilibre informationnel toujours renouvelé. C'est ce qui nous anime, ce qui régule notre état et la cohérence de notre monde.
Cet équilibre onde/matière conditionne l'existence telle que nous la connaissons, et il se développe naturellement en nous et tout autour. En pratique, nous pouvons l'exploiter de manière déterminée, orientée et ciblée, pour divers intérêts. Nous manipulons la matière et les ondes quotidiennement. Cependant, nous manipulons assez bien les réactions induites par effet de matière, et beaucoup moins bien les

réactions induites par effet d'onde. Il semble alors opportun de pouvoir s'intéresser au potentiel d'action et de transformation que peut induire l'utilisation d'informations vibratoires. Partant de la matière, une information vibratoire est toujours liée à un support. Tant qu'il reste une infime trace de la molécule originelle, toute quantité de vibrations correspondantes s'y relie et en dépend. Pour exploiter une information vibratoire 'pure', sans son support matériel originel, nous pouvons considérer deux approches : éliminer la totalité du support sans perdre son information vibratoire ; ou créer et émettre une vibration identique à celle d'un support connu, indépendamment de celui-ci. Dans tous les cas, pour utiliser une information vibratoire 'pure', il convient de pouvoir la conserver, la manipuler, la transmettre, la canaliser, etc. Pour cela, il semble préférable, voire indispensable, de l'associer à un support compatible permettant de la véhiculer tout en maintenant sa stabilité, son intégrité. Alors, pour conserver et transmettre une information vibratoire indépendamment de son support originel, il faut envisager de la transférer vers un autre support compatible, dès lors qu'elle est extraite ou créée et émise. Un support compatible mais différent par nature du support matériel originel, c'est un milieu 'vecteur' capable d'héberger une information vibratoire autre que celle de son propre corps, sans dénaturer ni l'une ni l'autre. Ces supports sont identifiables et reconnus en leur capacité de transiter de l'information. L'eau et l'atmosphère en sont les exemples les plus évidents. L'eau à dominante moléculaire et à forte capacité d'intégration de formes vibratoires, et l'atmosphère à dominante vibratoire et à forte capacité d'intégration de formes moléculaires. L'eau comme milieu matériel très malléable, polyvalent et pouvant intégrer un large spectre d'informations vibratoires. L'atmosphère comme milieu ondulatoire très malléable, polyvalent et pouvant intégrer un large spectre d'informations moléculaires. Ces supports affichent une grande polyvalence en termes d'états, de compatibilité et d'acceptabilité de l'information. Ils semblent naturellement indiqués comme les principaux vecteurs d'information, reliant le monde particulaire et ondulatoire, capables de transiter au mieux toute information d'un milieu à l'autre.

L'information vibratoire relevant de la matière pourrait être dissociée du support matériel, pour être directement diffusée vers un milieu choisi et appliquée sur une cible réactive. Les réactions induites par effet d'onde pourraient changer notre perception des possibilités de transformation et de mutation de certains ensembles ou objets concrets nous intéressant. La matière exploitée au travers de son aspect vibratoire pourrait permettre des manipulations difficilement envisageables à ce jour. Cela rejoint un processus naturel continuellement à l'œuvre, mais le principe échappe encore en grande partie à notre maitrise. Il peut s'agir d'opérations de transformation, ou conversion, visant des éléments précis à remanier. Il peut aussi s'agir d'opérations de régulation plus globales, impliquant des milieux à contrôler (maintenir, apaiser ou exciter). La conduite volontaire d'une information vibratoire peut s'appliquer de façon ponctuelle ou durable. Dans tous les cas, l'impact sur les états de matière ainsi conditionnés est à observer dans l'ensemble d'un périmètre élargi. Tout état modifié, ou régulé, implique des interactions avec son environnement direct. Cela induit des conséquences sur tout un environnement qu'il convient de prendre en considération. Les répercussions de tels mouvements doivent s'inscrire dans la capacité d'un large milieu de vie à faire suivre un équilibre propice au maintien et au bon développement de la vie qu'il héberge.

Nous vivons un équilibre réajusté en permanence malgré nous. Nous ignorons en grande partie sa condition et sa puissance. Cet état d'équilibre informationnel est sensible à notre posture. Il est à considérer avec grande humilité. Nous devons l'envisager comme étant intimement lié à notre état de corps et d'esprit. Afin de vivre et développer au mieux un corps et un esprit sains, nous sommes invités à accompagner et exploiter harmonieusement cette notion essentielle d'information. Il est naturel de l'exploiter de façon contributive à un équilibre vertueux pour tous, en nous et tout autour.
A tous niveaux, nous existons en conséquence de relations informationnelles.

Sans décor

Tu l'aimes sans décor.
Même à délivrer la mort.
Même à délivrer le corps.
Tu l'aimes sans remord.

En vie de cet amour.
Et s'aimer de là pour toujours.
Essaimer de là par amour.
Envie de voir ces jours.

Libre éternité.
Recevoir cette vérité.
Recevoir en humanité.
Libre témérité.

Etre à se joindre.
De cœurs prêts à poindre.
De cœurs vrais de poindre.
Etre à se oindre.

Corps, âme, esprit.
Sort en toi.
Aime autour.
Sois l'épris.

Exigeant

Dieu est exigeant.
Mais Dieu a-t-il le choix ?

Dieu est exigeant si tu le lui permets.
L'humain est-il alors assez exigeant ?
L'exigence ne doit pas être un combat.
L'exigence ne doit pas être souffrance.
L'exigence est celle que l'on se confie.
L'exigence est celle à qui l'on se fie.
L'humain se doit d'être exigeant en soi.
Dieu soutient ce soi en lui.

Dieu exige de toi ce que tu exiges de lui en toi.
Le choix t'appartient en ce que tu lui confies.

Nourris

Fais circuler la vie en toi.
Elle passe là pour te nourrir.
Transite-la, transforme-la.
Ne prétends pas la retenir.

La vie passe en soi.
Elle reste au tout.
Elle libère qui veut suivre.
Elle détruit qui s'oppose.
Elle nourrit qui accompagne.
Elle écrase qui entrave.
Elle bénit qui épouse.
Elle étouffe qui nie.
Elle partage l'univers.
La vie est libre de soi.

Le mouvement est ouvert.
Il danse en devenir.
Laisse aller et venir.
Accueille et délivre.
Ouvre ta voie libre.
Le chemin est ouvert.

Fais circuler la vie en toi.
Elle vient encore te nourrir.
Inspire-la, projette-la.
Reviens encore la réjouir.

Poète

Un poète respire.
Sa muse l'inspire.
La poésie prend vie.
Elle amuse l'envie.

Sa voix s'exprime.
Les mots s'en riment.
L'écrit en témoigne.
La musique accompagne.

Le rêve éclos en vérité.
L'édito saisit la réalité.
La vie s'en constate.
Le silence éclate.

Le poète revient.
La muse le retient.
La poésie a parlé.
Elle continue de révéler.

Illusion

Tu as fait de ton corps une illusion.
Tu as fait de ton esprit une illusion.
Ton corps traduit l'illusion de ton esprit.
Ton esprit traduit l'illusion de ton corps.

Tu prends des idoles absurdes pour refuges.
Tu prends des dogmes insensés pour remparts.
Ton image se perd et se délite sans abri.
Ta raison se perd et se délite sans abri.

Tu fais de ta matière un contre-sens.
Tu fais de ta pensée un non-sens.
La matière vit sans ton approbation.
La pensée se déploie sans ton avis.

Tu dépéris corps et esprit.
Tu ne suis plus l'aléa.
Où passe le sens ?
Que te reste-t-il ?

Relie corps et esprit.
Vois ce qui les tient ensemble.
Pose-toi et reste ici.
Vois ce qui revient de ce lien.

La réalité d'un cœur te dépasse.
Laisse-toi porter et accompagne.
Mets ton esprit à toucher ce concret.
Mets ton corps à penser cette idée.

Illusoire

Tu as fait de ton corps une bataille illusoire.
Tu as fait de ton esprit une révolte illusoire.
Ton corps traduit la blessure de ton esprit.
Ton esprit traduit la violence de ton corps.

Tu prends des maitres de chiffon pour guides.
Tu prends des lois de papier pour raisons.
Ton geste se perd et s'abime sans fond.
Ton jugement se perd et s'abime sans fond.

Tu fais de ta matière dure une souffrance.
Tu fais de ta pensée légère une aliénation.
La douleur ruine ton esprit noué.
La torture ravage ton corps noué.

Tu dépéris corps et esprit.
Tu en sors la fatalité.
Où passe le sens ?
Que te reste-t-il ?

Délie corps et esprit.
Vois ce qui les tient ensemble.
Pose-toi et reste ici.
Vois ce qui revient de ce lien.

La vérité d'un cœur te dépasse.
Laisse-toi porter et accompagne.
Mets ton esprit à panser ce concret.
Mets ton corps à tout chez cette idée.

Fou

Fou de mépriser ton cœur.
Tu défais ton corps.
Tu défais ton esprit.

Reviens au bon sens.
Sacre ton cœur.
Tu revis.

Reviens à la raison.
Sacre ton cœur.
Tu revis.

Fou de mépriser ton cœur.
Il est ton âme.
Il est ta foi.

Sache

En premier, connais-toi.

Sache te voir bouger.
Sache t'entendre parler.
On meurt avec ce que l'on dit.
On meurt avec ce que l'on fait.

Tu meurs d'en saigner.

Surprise

Apprends à suivre l'évidence inexpliquée.
Tu seras moins prise au dépourvu.

Nous sommes tous surpris par des évènements imprévus qui nous semblent pourtant évidents. Ces imprévus, nous avons l'impression de les avoir sus à l'avance, d'en avoir été prévenus. Nous avons l'impression d'avoir été informés avant les faits sans y avoir cru, comme une sorte de certitude négligée, une sorte d'information oubliée avant de l'avoir considérée. C'est une réalité, nous avons bien reçu cette information, nous l'avons négligée faute de compréhension ou d'intérêt.

Soyons plus attentifs à ces prémonitions, nous serons moins surpris et mieux préparés à les recevoir en réalité.
Cette idée se ressent dans le corps. Ça se voit, ça se touche, ça se respire. C'est la sensation d'un élément bizarre, sans cohérence apparente, curieux, hors contexte, inhabituel…
Il faut considérer cet élément isolé comme un potentiel en devenir. Ne pas l'éliminer. Le stocker en attente avec toute attention nécessaire permettant de relier le potentiel à venir. Le tester à chaque mise en cohérence possible, sans jamais forcer de liens hâtifs ou illusoires, sans vouloir trouver sens à tout prix. Sans fixette, simplement en attente, prêt à réémerger pour donner du sens le jour venu, dans quelques secondes ou plusieurs dizaines d'années… Il y a un espace pour ça, c'est la mémoire. Une mémoire peut aussi archiver ces potentiels futurs. Ce savoir permet de conditionner une attitude cohérente et préventive mieux adaptée face aux

évènements à venir, sans effort particulier. Tout part de notre capacité à vivre pleinement le moment présent, à poser une pleine attention sur l'instant que nous vivons en continu, en nous-même et alentour, en toute chose et à toute occasion.

Certaines surprises ne seront plus vraiment des surprises. Du moins, celles-ci ne seront plus autant déstabilisantes. Mais les surprises, il y en aura quand même toujours. Des prémonitions aussi. Toujours plus grandes et plus fortes, nous permettant encore d'aborder des futurs plus complexes, avec plus d'attention, un meilleur recul et une posture suffisamment apaisée.

Ça passe par une observation attentive de soi et de l'autre. Une pleine écoute, une considération bienveillante, une acceptation de l'aléa, une ouverture à l'inattendu, un accueil de l'inexpliqué, un temps conscient de ce qui se passe... Toujours relié entre l'intérieur et l'extérieur, le ressenti et le concret constaté, l'interprétation et la réalité factuelle.

Vis l'instant présent en conscience.
Tu suivras certainement cette évidence qui te dépasse.

Délicieux

Délicieux d'ouvrir les yeux.
Délicieux d'ouvrir les mains.
Délicieux d'ouvrir le cœur.

Délicieux de voir son vœu.
Délicieux de tenir son geste.
Délicieux de vivre son amour.

Délicieux ces couleurs et ces lumières.
Délicieux ces formes et ces grains.
Délicieux ces voix et ces danses.

Délicieux ces parfums et ces aurores.
Délicieux ces courbes et ces perles.
Délicieux ces musiques et ces voltiges.

Délicieux de recevoir son regard.
Délicieux de caresser sa peau.
Délicieux de partager son âme.

Pose-toi

Ça s'accélère.
Ça va trop vite.
Ne crois pas arrêter le mouvement.
Tu te ferais écraser.
Ne crois pas sortir de là.
Tu t'abimerais.
Mais pose-toi là.
Assieds-toi au milieu.
Laisse-toi porter.
Tu deviens le milieu.
L'agitation est folle autour.
Tu voyages avec.
Tu t'es seulement arrêté.
Regarde le paysage.
Ça bouge très vite.
Il passe autour.
Tu vis dedans.
Tu vois plus qu'il est permis.
Le spectacle est riche de connaissance.
Tu te relèveras grandi de savoir.

Te relever

Apprends à te relever.
C'est déjà passé.
Ça n'existe plus.
Ne retiens pas cet état.
Tu te ferais souffrir.
La douleur n'a plus lieu d'être.
C'est un souvenir.
Il te servira de savoir.
Maintenant relève-toi.
Passe à autre chose.
Passe à la suite qui vient.
Enrichie de cette expérience.
Lève-toi et tu seras guérie.
Bientôt tu seras plus forte.
Déjà ton regard a changé.
Ta blessure est passé.
Ton corps se remet.
Ton esprit s'ajuste.
Ton cœur t'amène plus loin.

Chien

Chien de poche.
Ni beau, ni moche.

Je veux pas te voir.
Tu disparais et tu te tais.
Je veux pas t'entendre.
Tu te tais et tu te caches.

J'ai des relations.
Tu te ranges et tu attends.
J'ai du succès.
Tu t'écartes et tu admires.

Je suis dans l'ombre.
Tu me sors et tu m'exposes.
Je me sens seule.
Tu m'entoures et tu m'occupes.

Je veux parler.
Tu discutes et tu m'écoutes.
Je veux jouir.
Tu proposes et tu me contentes.

Chien de poche, on s'aime !
N'hésites pas si tu as besoin de quoi que ce soit.
Je te rappellerai pourquoi tu es là.
Chien de poche, c'est beau comme on s'aime !
Entre nous, tout est là et c'est évident.
T'inquiète pas, je te lâcherai pas !

Entier

Toi l'intello.
Lève ton cul et pose ta tête.
Le bonheur t'attend.

Toi le bourrin.
Pose ton cul et lève ta tête.
Le bonheur t'attend.

Tu salopes tout sur ton passage.
Tu pourris le temps et l'espace qui t'est offert.
Tu méprises la moitié de l'univers.
Tu dégrades le lien et le sens de vie qui t'est donné.

Reprends pied.
Reprends raison.
Reviens à l'équilibre.
Reviens te relier.

Sois digne de corps et d'esprit.
D'un seul être.
Reconnais ton intégrité.
Sois sain de corps et d'esprit.
D'un seul cœur.
Reconnais ta puissance.
Sois entier de corps et d'esprit.
D'une seule âme.
Reconnais ta vérité.

Boulanger

Que chacun pétrisse sa pâte dans son corps.

Ne pétris pas ta pâte dans le corps d'un autre.
Ta pâte te sera rendue.
Pétrie chez un autre, elle gonflera encore en toi, mais elle ne cuira pas dans ce fournil étroit.

Ne pétris pas la pâte d'un autre dans le corps d'un autre.
Tes mains seront salies, la pâte sera salie.
Cette boue ne lèvera pas et ne cuira pas, elle poissera.

Ne pétris pas la pâte d'un autre dans ton corps.
La pâte d'un autre lui reviendra.
Pétrie chez toi, elle gonflera encore en lui, mais elle ne cuira pas dans ce fournil étroit.

Toute pâte digeste est pétrie et cuite en son fournil.
Le bon boulanger pétrit et cuit sa pâte chez lui.
Le bon pain en sort sain et propre à partager.

Dieu aide les bons boulangers.

Chez moi

Vivre chez moi.
Posé dans cette simple immensité.
Posé dans cette immense simplicité.

Vivre paisible.
Posé au milieu de cette douce explosion.
Posé au milieu de cette explosive douceur.

Vivre l'équilibre.
Posé au bord de cette tranquillité agitée.
Posé au bord de cette agitation tranquille.

Vivre l'écoute.
Posé dans ce silence hurlant.
Posé dans ce hurlement silencieux.

Vivre la sensation.
Posé au milieu de cet insaisi manifesté.
Posé au milieu de ce manifeste insaisissable.

Vivre le savoir.
Posé au bord de cette connaissance ignorée.
Posé au bord de cette ignorance connue.

Vivre la finitude.
Posé dans cette histoire anéantie.
Posé dans cet anéantissement historique.

Vivre l'éternel.
Posé au milieu de cette naissance finale.
Posé au milieu de cette finalité naissante.

Vivre l'évidence d'être.
Posé au bord de ce cœur aimant.
Posé au bord de cet amour puissant.

Vivre chez moi, une petite maison de juste taille.
Vivre chez moi, juste un abri de grandes dimensions.

Embrasse

Si tu embrasses mon corps,
Tu embrasses aussi mon esprit.
Si tu embrasses mon esprit,
Tu embrasses aussi mon corps.

Si tu embrasses le corps sans l'esprit,
Tu souffriras toute violence de corps.
Si tu embrasses l'esprit sans le corps,
Tu souffriras toute violence d'esprit.

Si tu prétends tout embrasser,
Tu dois t'être posé au milieu.
Alors, tu embrasses corps et esprit de plein cœur.
Alors, tu embrasses tout lorsque tu embrasses mon cœur.

Parti

Les jours s'égrènent.
Les nuits ne comptent pas.

Il est parti pour voyager.
Il n'est pas revenu.

Le temps s'est arrêté.
L'espace s'est perdu.

L'air s'est alourdi.
Le corps s'est affaibli.

L'espoir s'est engagé.
L'illusion s'est fendue.

Je suis resté pour l'accompagner.
Je ne l'ai jamais revu.

Les jours reviennent.
Les nuits ne cessent pas.

Revivre

On va pleurer,
Pour laver cette souffrance.

On va rigoler,
Pour conjurer ce ridicule.

On va râler,
Pour partager cet effort.

On va bouder,
Pour ralentir ce succès.

On va crier,
Pour écarter ce mauvais sort.

On va chanter,
Pour appeler cet amour.

On va danser,
Pour offrir ce corps.

On va baiser,
Pour rejoindre cette rupture.

On va vomir,
Pour vivre ce dégout.

On va crever,
Pour payer cette indignité.

On va revivre,
Pour dire que c'est fini.

On va mentir,
Pour crever cette chance.

On va boire,
Pour vomir ce refus.

On va flatter,
Pour baiser cette sensiblerie.

On va transpirer,
Pour danser cet épisode.

On va jouer,
Pour chanter ce désastre.

On va plaindre,
Pour crier cette imposture.

On va déguiser,
Pour bouder cet aveu.

On va confesser,
Pour râler ce destin.

On va saigner,
Pour rigoler ce mépris

On va prier,
Pour pleurer cet échec.

On va revivre encore,
Pour tout reprendre au début.

Marque-toi

Tu vis sans passé,
Tu n'as pas d'avenir.
Ta plume s'est asséchée,
Au départ de tes souvenirs.

Tu t'inventes un futur,
Sur une histoire illusoire.
Tu ne vois que des murs,
Sans aucune échappatoire.

Tu vis sur le passé,
Ton avenir est fané.
Ta plume s'est encrassée,
Aux cris perdus de tes ainés.

Tu traines le lourd passif,
Sur un chemin crevassé.
Tu bois ce temps poncif,
Sans jamais rien embrasser.

Un présent t'est proposé,
Il est un choix à saisir.
Passé et futur déposés,
Sache simplement l'investir.

Un présent t'est offert,
Marque-toi en ce temps.
Fais-en un avenir ouvert,
Ta liberté est cet instant.

Reconnaitre

Tu as peur,
Et tu préfères mentir,
Plutôt que reconnaitre cette angoisse.

Tu es souffrante,
Et tu préfères tricher,
Plutôt que reconnaitre cette décadence.

Tu es triste,
Et tu préfères masquer,
Plutôt que reconnaitre cette désespérance.

Tu es épuisée,
Et tu préfères agiter,
Plutôt que reconnaitre cette détresse.

Tu es vide,
Et tu préfères parer,
Plutôt que reconnaitre cette inconsistance.

Tu es seule,
Et tu préfères racoler,
Plutôt que reconnaitre cette errance.

Tu es perdue,
Et tu préfères fuir,
Plutôt que reconnaitre ton cœur.

L'ignorance

Ignorer le savoir.
Ignorer la connaissance.
Ignorer le pouvoir.
Ignorer la croyance.
Ignorer le miroir.
Ignorer la différence.
Ignorer l'espoir.
Ignorer l'innocence.
Ignorer la voir.
Ignorer la présence.
Ignorer le recevoir.
Ignorer le silence.
Ignorer le concevoir.
Ignorer l'évidence.

Ignorer par peur.
Ignorer par prudence.
Ignorer par pudeur.
Ignorer par méfiance.
Ignorer par erreur.
Ignorer par négligence.
Ignorer par douleur.
Ignorer par indolence.
Ignorer par noirceur.
Ignorer par violence.
Ignorer par rancœur.
Ignorer par arrogance.
Ignorer par malheur.
Ignorer par allégeance.

T'ignorer, m'ignorer, être ignoré…
Souffrir d'ignorance, souffrir l'ignoré, souffrir en ignorant…

Ignare !
Ne reste pas dans l'ignorance, revois ta suffisance, envisage
ton insuffisance, tu méprises l'existence, tu déshonores ton
existence.

Pas tranquille

T'es pas tranquille.

Tu crains.
Tu surveilles.
Faits et gestes interdits.
Vie contrainte et régentée.

T'es pas libre.
T'es pas sincère.
T'es pas à l'aise.
T'es pas honnête.

Tu souffres.
Tu travestis.
Tu feintes.
Tu mens.

L'atmosphère est pareille.
L'ambiance est trouble.
Equilibre incertain.
Vécu propagé.

T'es pas tranquille.

Observe

Observe l'autre pour comprendre ce qui se passe chez toi.
Il est difficile de voir et comprendre sa propre condition sans la voir jouer dehors.
Cependant, reste prudent et sincère. Tout ce que tu vois à l'extérieur n'est pas toujours ce qui se passe chez toi.
Cependant, reste prudent et sincère. Tout ce qui se passe chez toi n'est pas toujours bien représenté à l'extérieur.
Cependant, reste prudent et sincère. Ne reporte pas sur l'autre la responsabilité de ce qui se passe chez toi. Cela t'appartient, il s'agit de toi, et l'extérieur n'est qu'un spectacle éducatif.
Cependant, reste prudent et sincère. Ne prends pas en toi la responsabilité de tout ce qui se passe dehors. Tu croulerais sous un poids qui ne t'appartient pas, il s'agit du spectacle des relations vivantes.

Sans prudence, sans sincérité, sans humilité, tu pervertis la vie envers toi et envers l'autre. C'est souffrance. Sois prudent, sincère et humble. Mais tourne-toi définitivement vers l'autre sans jamais t'oublier, observe dehors en ramenant toujours le regard sur toi, un regard sage, sincère et humble, un regard aimant, depuis et par le cœur toujours.

Apprends

Tu sais,
Tu vois,
Tu fais,
Tu dis.

Il ne sait pas,
Il ne voit pas,
Il ne fait pas,
Il ne dit pas.

Tu le dis,
Tu le fais,
Tu le lui montres,
Tu le lui apprends.

Qu'il veuille le dire,
Qu'il veuille le faire,
Qu'il veuille le voir,
Il ne pourra plus dire qu'il ne sait pas.

Regarder la réalité

Bien que la réalité puisse s'envisager de façon subjective, notre réalité commune est une seule réalité objective et concrète pour tous.

Cette réalité commune s'appuie sur un état de fait et de fonctionnement qui dépasse notre entendement et notre seul référentiel. Il s'agit de l'ordre naturel des choses dont les tenants et aboutissants s'appliquent à tout élément.

Chacun reflète cette réalité commune au travers d'une interprétation particulière. Cependant, un état de fait, commun à notre existence et celle de notre environnement élargi, met en évidence un socle essentiel à tout l'existant. L'interprétation n'est qu'un habillage, mais le socle en est le corps fondateur. Tout habillage, qui ne s'appuierait pas sur le seul corps capable de le supporter, perd toute consistance et s'effondre.

Le regard de chacun est certainement perfectible quant à son expression. Tâche de garder un regard qui ne compromette pas l'essence de notre réalité. Tâche de garder un regard qui permette humblement d'exprimer la réalité des choses dans ses conditions premières.

Conscience
réfléchie, réflective, cognitive

Et si nous baignions dans l'éther… en conscience.

L'éther représente une sorte d'état immobile de tout ce qui est. Il en est l'essence, l'origine informationnelle. Il contient l'information de toute notre réalité exprimée concrètement. Il est la substance primordiale comprise comme information ou énergie du vide, dévoilé sous forme de magnétisme et révélant l'espace subtil, volatil, insaisissable. C'est alors depuis l'éther mis en mouvement qu'émerge tout élément, matière et énergie. L'éther est aussi à considérer comme désignant l'information circulante dans un milieu de vie, avec laquelle chaque élément matériel évolue.

La conscience fait état d'une interface d'interprétation informationnelle entre un élément et son environnement. Elle se comprend par les flux d'échange informationnel, comme une information que l'on traite en relation à notre état et nos conditions du moment. Elle reflète l'ensemble des opérations de réception, de traitement et de diffusion de l'information par un élément ou un organisme en rapport à son environnement. Elle s'organise autour d'un centre, un cœur. Sa portée est définie par le périmètre d'influence informationnel (ou magnétique) matérialisant une zone d'interface interne-externe. La conscience permet de réguler un certain équilibre vis-à-vis d'un milieu de vie, elle se relie entre matière et éther.

Pour opposé complémentaire de la matière, nous avons l'éther. De la même manière, pour opposé complémentaire de la sphère, nous avons le tore. Un élément matériel est sphérique, et son champ magnétique associé est toroïdal.

Le champ magnétique indique une zone d'influence circulant l'information relative à un élément. Cette information relève de l'éther. Qu'il nous soit directement perceptible ou non, pour tout élément matériel, il y a un champ magnétique associé. Un élément matériel présente une forme sphérique, et il est associé à un champ magnétique toroïdal.

Les éléments de matière s'organisent en des ensembles ou systèmes cohérents. Chacun relationne en interface de son champ magnétique. Un ensemble d'éléments matériels, regroupés en un organisme cohérent, établit une structure en fonction de la somme de ses composantes et des conditions du milieu d'appartenance. C'est ainsi que se forment des organismes.

Un organisme est donc un système dont la forme répond aux conditions d'assemblage de ses composantes. Cette forme varie en fonction du nombre d'éléments, de leur qualité, de leur degré de cohérence, mais aussi de la relation du tout à l'environnement dans lequel il évolue. Un organisme est composé d'éléments sphériques, mais il ne se développe pas nécessairement lui-même sous forme de sphère. Il peut aussi accueillir d'autres organismes établissant un contact cohérent à une ou plusieurs de ses composantes.

Nous sommes un organisme. Une plante, une moisissure, une galaxie, un univers… sont des organismes. L'éther et la matière sont indissociables, ils forment deux opposés complémentaires. Chaque élément concret existe dans une relation d'équilibre à son champ magnétique.

Dans ce contexte, la conscience est un mécanisme qui se complexifie avec la complexité de l'élément ou du système auquel elle se réfère. On peut résumer en disant que plus un système est diversifié, plus la conscience qu'il développe répond à un besoin de traitement complexe de l'information, et plus les capacités mise en œuvres sont importantes.

Un simple élément opère une conscience simple. C'est une interface informationnelle directe, basée sur un seul noyau, centre ou cœur de l'objet. Il s'agit d'un processus de traitement de l'information entrée-sortie, avec réponse directe d'un élément donné, en fonction d'une information donnée. Il n'y a pas de processus complexe de synthèse, de modération de l'information ou de réponse impliquant plusieurs composantes reliés, pas de conscience réfléchie.

La conscience d'un organisme se réfère à un ensemble d'éléments individuels reliés pour former un tout cohérent. L'organisme présente une nouvelle entité individuelle, plus complexe et fonctionnant au travers d'un réseau de ses composantes primaires. Il prend des formes variables n'étant plus homogènes ou régulières comme pouvait l'être une simple sphère. Son interface avec le milieu externe s'exprime donc aussi par sa structure particulière, qui n'est plus nécessairement uniforme. Cet organisme regroupe un ensemble de modules de conscience simple. Il les regroupe en un réseau commun, autour d'un centre principal ou cœur de réseau mutualisé. Une conscience globale émerge de ce réseau, elle s'appuie sur ce cœur de réseau pour la pertinence de traitement de l'information intéressant l'organisme. L'information reliée à l'organisme est traitée en sous-secteurs spécialisés, en différentes parties du réseau, puis elle doit être transitée par le centre commun, pour synthèse et modération, en vue d'une bonne concordance relative à l'ensemble de l'organisme. Il en résulte une conscience globale, réfléchie depuis ou vers un seul point commun du système qui relie le tout cohérent. C'est une conscience centralisée au sein d'un système complexe, une conscience réfléchie, réflective et cognitive.

Nous exprimons une conscience réfléchie, réflective et cognitive. Cette conscience évolue en même temps que nous évoluons, en un même lieu avec lequel nous évoluons aussi. Nous sommes un organisme complexe et nous baignons dans un milieu d'informations communiquant sans cesse. Notre équilibre se joue dans ce contexte appelant une adaptation continue. Nous sommes un système parmi d'autres systèmes participant à l'équilibre d'un même milieu de vie. Nous dépendons des interactions qui se jouent entre ce milieu de vie et les différents systèmes qui l'occupent. La régulation s'opère aux conditions d'un ensemble dépendant aussi de l'influence que nous y jouons.

Une conscience cognitive fait état d'un pouvoir d'adaptation remarquable. Plus ce pouvoir est grand, plus l'influence de celui qui l'agite est grande. Capable d'adresser des choix dans le monde matériel et informationnel, une conscience cognitive véhicule un certain impact sur l'organisation d'un large milieu de vie. Cet impact implique une responsabilité évidente de celui qui influe par choix portés ou relayés.
Quel est notre degré d'intervention et notre liberté de choix ?
Sommes-nous à la hauteur de la responsabilité induite ?
Sommes-nous suffisamment attentifs et honnêtes quant à la conscience que nous posons sur cette responsabilité ?

Et puis… Sommes-nous un modèle d'intelligence suffisant ?
… A quoi suffit cette intelligence humaine ?

Plein vide

Tu t'ennuies de ce vide ?
Laisse faire le vide, il est plein.
Il est assez plein pour te remplir.
Il te nourrit plus que tu peux en avaler.
Il te nourrit toujours.
N'aie crainte du vide si tu n'es pas feignant.
As-tu vraiment peur de t'ennuyer, de manquer, de te perdre, de t'isoler et périr dans l'indifférence, de te trouver inutile et insignifiant ? Ou as-tu peur de devoir te mettre au travail ?
Tu t'occupes à ne rien faire d'autre que satisfaire un alibi et une reconnaissance illusoire, à ne rien faire d'autre que cultiver une administration décadente et un orgueil minable, à ne rien faire d'autre que mentir et faire semblant, à ne rien faire d'autre que refuser de te mettre au travail.
Tu t'occupes à éviter le vide, mais il est plein.
Laisse cette illusoire administration humaine.
Elle est violente et débile.
Accueille le vide à la place.
Il ne tardera pas à te remplir.
Suis-le, il te comblera.
Il te mènera à grandir, réaliser l'humain et bien au-delà.
C'est ça ton travail.
Il t'est offert.
N'aie pas peur de recevoir ce travail.
Suivre ce vide, s'en laisser remplir, le concrétiser, en faire ton plaisir, c'est vivre.
N'aie pas peur de vivre.
Prends ce cadeau.

Entends

Que cherches-tu à entendre et qu'entends-tu ?

Quel est ton métier ? Comment te considères-tu ?
Serais-tu journaliste, explorateur, chercheur, enquêteur, révélateur, curieux, répéteur, auditeur, décideur, recéleur, manipulateur... ?
Que voudrais-tu voir émerger de cette démarche ?
Le savoir, la connaissance, l'administration, le contrôle, la légitimité, la vérité d'une réalité, les faits avérés d'une impression... ?

L'administration veut entendre ce qu'elle a décidé d'entendre, au moment où elle le décide. L'administration est agitée, impatiente, toujours dans l'urgence. Son écoute est partielle et orientée. Elle entend rarement ce qu'il faudrait entendre au moment où il faudrait l'entendre.

Sois humble, sincère, calme et prudent, dans une écoute objective, ouverte et complète autant que possible. Ecoute bien ce que tu entends, et entends bien ce que tu écoutes. Tu peux être surpris, mais rends-toi à cette réalité. Tu peux suivre ce chemin sans craintes, il est ta meilleure option.

Ne prétends pas à décider d'une quelconque administration. Demeure cet humain à choisir dans ce que tu entends. Alors sois sincère, pose ton écoute calmement, concentre-la et diffuse-la pareillement. Tu entendras et tu seras entendu.

Mendiant

Mendier la vie.
Ouvre tes mains, elle s'y pose.
Mendier la lumière.
Ouvre tes mains, elle s'y pose.
Mendier la chaleur.
Ouvre tes mains, elle s'y pose.
Mendier le bonheur.
Ouvre tes mains, il s'y pose.
Mendier l'amour.
Ouvre tes mains, il s'y pose.

La haine mendie.
Ferme tes mains, elle s'en saisit.
Le malheur mendie.
Ferme tes mains, il s'en saisit.
Le froid mendie.
Ferme tes mains, il s'en saisit.
L'obscurité mendie.
Ferme tes mains, elle s'en saisit.
La mort mendie.
Ferme tes mains, elle s'en saisit.

Ouvre ton cœur, la vie te mendie.
Tu es son serviteur, accueille-la, partage-la, elle vit d'ici.
Ouvre ton cœur, la lumière te mendie.
Tu es son serviteur, accueille-la, partage-la, elle brille d'ici.
Ouvre ton cœur, la chaleur te mendie.
Tu es son serviteur, accueille-la, partage-la, elle rayonne d'ici.
Ouvre ton cœur, le bonheur te mendie.
Tu es son serviteur, accueille-le, partage-le, il vibre d'ici.
Ouvre ton cœur, l'amour te mendie.
Tu es son serviteur, accueille-le, partage-le, il aime d'ici.

Douceur

Douceur d'esprit.
Tu coules dans mon corps.
Mon cœur s'en est épris.
Il expanse ce trésor.

Douceur de peau.
Toucher en suspension.
Tu glisses sur mon dos.
Tu tiens mes frissons.

Douceur des yeux.
Regard en affection.
Tu embrasses mes vœux.
Tu dévoiles ma relation.

Douceur de mélodie.
Ecoute en évasion.
Tu ouvres ma rhapsodie.
Tu fonds les horizons.

Douceur de parfum.
Senteur en expression.
Tu pénètres en embruns.
Tu déploies les permissions.

Douceur de sensation.
Vivant en perception.
Tu me portes en immersion.
Tu me livres en profusion.

Ce trésor m'expanse.
Tu as pris mon cœur.
Mon corps pour ta seule transe.
Mon esprit à ta seule douceur.

Comme mort en vie

Comme toi qui ne mourras pas.
Comme toi qui ne vivras pas.

Comme moi qui meurt tous les jours.
Comme moi qui vis toujours.

Comme ceux qui meurent leur vie.
Comme ceux qui vivent leur mort.

Comme ceux qui meurent de vivre.
Comme ceux qui vivent de mourir.

Comme si mourir est un avenir.
Comme si vivre n'est qu'y revenir.

Comme si mourir est à réfléchir.
Comme si vivre est à subir.

Comme elle qui meurt pour vivre.
Comme elle qui vit pour mourir.

Comme si mourir la retient.
Comme si vivre l'emmène.

Comme si mourir ouvre sa vie.
Comme si vivre épanouit sa mort.

Quotidien

Un jour qui passe dans l'air.
Chacun vit sa part d'univers.
Emporté par son espérance.
Animé à relier son existence.

Retour d'un après déjà vu.
Attente d'un autre imprévu.
Apprêté à vouloir s'envoler.
Décidé à ne rien renouveler.

Attaché à vivre sa liberté.
Incertain face à l'altérité.
Réveillé pour apparaitre.
Ranimé pour se connaitre.

Engagé à venir et passer.
Relancé à se laisser glisser.
Porté à exprimer l'unisson.
Tenté de maitriser le frisson.

Avancer un bout d'éternité.
Effacer les vieilles vérités.
Revoir les moments cachés.
Saisir les réalités détachées.

Affirmer ne plus y revenir.
Revenir pour son devenir.
Accepter ce jour venu parfait.
Epouser son quotidien bienfait.

Loin

Aussi loin que vivant en moi.
Tu es passé dans mon imaginaire.
Ta distance a perdu tous repères.
Ton absence n'a pas pris mon émoi.

Je sens ton existence certaine.
Juste là, circulant dans mes veines.
Quelque part hors d'atteinte.
Simple sensation de ton empreinte.

Mon regard se perd à te chercher.
Rien ne laisse espérer une trace à toucher.
Que des illusions offertes ou mimées.
Peu importe, je prends l'occasion de t'aimer.

Cette distance semble bien étrange.
Le temps et l'espace s'en dérangent.
Autant illusoire qu'indéniable.
Autant acceptée qu'insoutenable.

Peut-être est-ce mon seul refuge.
Peut-être en ai-je fait un simple transfuge.
Mon idée pourrait venir me mentir.
Tu ne serais qu'une histoire sans avenir ni revenir.

Aussi loin que vivant en moi.
Je laisse couler ta pure image.
Je ne te verrais plus en mirages.
Ton absence a perdu mon émoi.

Tout bien

Mouvement fluide et efficace.
Temps et espace en harmonie.
Ce qui ne sert plus s'efface.
La pensée neuve s'accomplit.

Simple moment de grâce.
Cet état posé en éternité.
L'évidence a pris place.
Rien d'autre n'a jamais existé.

Tout bien et pas autrement.
Un corps tout en déploiement.
Un esprit tout en épanouissement.
Un monde tout en émerveillement.

Violence

Entendre crier l'urgence.
Voir s'agiter la souffrance.
Sentir le corps bruler vif.
Toucher la raison perdue.

Entendre la paix s'enfuir.
Voir le décor s'effondrer.
Sentir le souffle étouffer.
Toucher le chaos régner.

Entendre la douleur hurler.
Voir l'univers s'écraser.
Sentir la chair dévastée.
Toucher l'idée du néant.

Entendre le silence exploser.
Voir l'amour torturé.
Sentir les eaux brisées.
Toucher la vie fracassée.

Entendre l'espace crevé.
Voir le temps disparu.
Sentir le cœur déchiré.
Toucher l'âme ravagée.

La violence est ton plus grand talent.
Nul ne peut dévaster mieux que toi.
En un instant, tu saccages l'enfant.
Tu regardes d'une froide jouissance.
Que ta violence te ronge à l'anéantissement.
Je veillerai à ce que tu en périsses pour l'éternité.

Aspiré

Aspiré par le jour renouvelé.
Aspiré par le jour annoncé.
Aspiré par l'idée fixe.
Aspiré par l'idée libre.

Le long d'un chemin à écrire.
Vers une destinée à choisir.
Au rythme de l'âme du monde.
En une danse improvisée.

Pas de temps à chercher.
Juste assez à recueillir.
Pas d'espace à mesurer.
Juste assez à remplir.

Ni fuite ni retenue.
Le flux m'emmène à son allure.
Ni combat ni passivité.
L'aléa me livre à son aventure.

Avant et après inaccessibles.
L'histoire prend forme dans l'instant.
Seule l'attention présente est perceptible.
L'art d'y pénétrer m'oblige à y demeurer.

Aspiré par cet univers.
Inspiré par cet élan.
Respiré par ce souffle.
Expiré par ce retour.

Esprit perdu

Tu forces la marche à règlementer ta pensée.
Ton idée est contrainte et frustrée.
Ta soumission est dopée à l'obéissance.
L'obéissance est protégée par le dogme.
Le dogme fait société d'amis associés.
La société d'amis soutient ton orgueil.
Ton orgueil assure ta légitimité.
Ta légitimité conditionne ta sécurité.
Ta sécurité raisonne ta pensée.
Tu vis dans un état sécuritaire.
Le danger est la libre pensée.
Ce danger est illusoire, sa souffrance est bien réelle.
Affranchis-toi de cette folle dictature.

En forçant ton esprit, tu mets ton corps en force, et vice versa. Tu ne pourras pas éluder la souffrance, elle viendra de tous bords. Ajuste le corps sur l'esprit, et ajuste l'esprit sur le corps. Tiens-les reliés et opère pour leur harmonie. Pose-toi au milieu, en neutralité, dans une écoute globale, ajustant le point d'équilibre en puissance.

C'est au cœur que se trouve ta place.
Ton corps et ton esprit s'y retrouvent.
C'est d'ici que tu leur rendras leur place.
Leur équilibre s'attache au cœur.

Ni dictature ni souffrance dans ce monde, si tu le permets.

Brutalisés

Soumis à compétition.
Obligation de rendement.
Sélection de compétences rentables.
Concentration de potentiel au mètre carré.
Evaluation d'obéissance et de coût de revient.
Critères d'insuffisance et d'incompatibilité disqualifiante.
Exclusion et éradication des alternatives non propriétaires.
Uniformisation du modèle de satisfaction et de recevabilité.
Réduction du risque et du poids économique, gestion du capital social, élimination du surplus indésirable...

Réorganisation de la ressource humaine à la demande.

Brutalité physique ou psychique, brutalité sociale, brutalité financière, brutalité légale, brutalité morale, brutalité individuelle ou de masse, sale ou propre, visible mais pas pour tous, invisible mais pas pour tous...
L'humain comme variable d'ajustement.
La brutalité comme outil à géométrie variable.
La brutalité humaine n'est pas une erreur, elle s'opère en conscience. Tu subis, tu acceptes, tu intègres, tu nourris, tu t'en nourris, tu reproduis, tu imposes, tu profites.

Pourquoi ?
Qui sont les brutalisés et les brutaux ?
Oublie la hiérarchie et vois simplement les faits, l'attitude de chacun à son niveau. La brutalité est pareille à tous les étages.
Etre brutalisé n'est pas une raison suffisante pour brutaliser l'autre. Brutaliser l'autre n'a pas de justification sincère.

Personne ne sort de la brutalité reçue en prenant part à la brutalisation d'un autre. La brutalité reçue ne se compense pas par celle que l'on distribue.

Alors, pourquoi continues-tu à brutaliser ?

La brutalité n'est pas nécessaire. Tu peux vivre sans elle. Mais tu ne peux pas brutaliser l'autre sans te brutaliser toi-même.

Alors, pourquoi ?

Réponds sincèrement. Essaie autrement, détache-toi un moment, écarte-toi de cette brutalité et ne la nourris pas.

Tu mourras

Tu mourras quand même.
Mourir trop tôt ou trop tard.
Mourir bien ou mourir mal.
Tu mourras quand même.

Prépare ta mort, c'est pareil.
Refuse ta mort, c'est pareil.
Ignore ta mort, c'est pareil.
Appelle ta mort, c'est pareil.

Pourquoi mourras-tu ? Personne ne le sait.
Comment mourras-tu ? Personne ne le sait.
Quand mourras-tu ? Personne ne le sait.
Fera-t-il froid où tu mourras ? Personne ne le sait.

Tu mourras quand même.
Tu mourras bien si tu vis bien.
Tu mourras dans la chaleur qui est la tienne.
On meurt comme on est vivant.
On meurt avec l'amour qu'on a au cœur.

Tu mourras quand même.
Tu mourras à la bonne heure.
Tu mourras parce que le sort n'a plus à offrir.
On meurt quand le cœur ne peut plus.
On meurt parce qu'il n'y a plus rien à faire.

Tu mourras quand même.

Tu vis

Tu vis quand même.
Vivre assez fort ou assez peu.
Vivre bien ou vivre mal.
Tu vis quand même.

Organise ta vie, c'est pareil.
Refuse ta vie, c'est pareil.
Ignore ta vie, c'est pareil.
Accepte ta vie, c'est pareil.

Pourquoi vis-tu ? Personne ne le sait.
Comment vis-tu ? Personne ne le sait.
Que vis-tu ? Personne ne le sait.
Y a-t-il un sens à ce que tu vis ? Personne ne le sait.

Tu vis quand même.
Tu vis bien si tu meurs bien.
Tu vis sur le chemin qui est le tien.
On vit comme on sait mourir.
On vit avec ce que notre âme ramène.

Tu vis quand même.
Tu vis un sort voulu pour toi.
Tu vis parce que c'est ton travail.
On vit ce que l'âme doit grandir.
On vit parce qu'on peut le faire.

Tu vis quand même.

Ce que tu peux

Fais ce que tu peux.
C'est la seule chose que tu as à faire.
Mais ne fais pas semblant.
Ne fais pas mine de ne pas pouvoir.

Ne fais pas ce que tu ne peux pas.
C'est ce que d'autres voudraient te voir faire.
Mais c'est à eux et pas à toi.
Fais en sorte de faire ce qui t'incombe.

Ce que tu as à faire, tu le peux.
Ce que tu as à faire, tu le dois.
Ce que tu as à faire t'est présenté.
Ce que tu as à faire s'impose à toi.

Tu ne pourras rien tant que ce ne sera pas fait.
Ton travail est naturellement planifié.
Le travail mal fait est à recommencer.
Le travail bien achevé t'ouvre la suite.

Ne procrastine pas.
Si tu ne fais pas ce travail, tu souffres.
Le travail à recommencer est alourdi.
Les conditions favorables se perdent.

Avance ce que tu peux.
Si tu fais ce travail, tu vis bien.
Le travail accompli te grandit.
Cette connaissance te permet plus.

Fais ce que tu peux.
Le travail est immense.
Tout ce que tu fais forge ton aisance.
Plus tu peux, plus vaste est ton champ.

Si tu fais ce que tu peux, c'est déjà beaucoup.
Si tu fais tout ce que tu peux, tu pourras beaucoup plus.
Ne te trompe pas de travail, ne fais pas semblant.
C'est le sens de ta vie, il t'appartient de l'engager.

Empathique

Retour d'empathie.
Ma chair est saisie.
Mon cœur l'a acceptée.
Mon corps va l'accompagner.

La compassion est dépassée.
Je sens la douleur installée.
Je vais devoir la solutionner.
Comme une illusion à transformer.

C'est juste sa réalité à guider.
Eclairer le conflit cristallisé.
Savoir fluidifier et circuler.
Permettre de passer et libérer.

Ne pas me laisser figer.
La souffrance me gagnerait.
Simplement défaire le mal contracté.
Accepter de transiter sans me livrer.

Lui rendre le travail à acter.
Elle seule est saisie des faits.
Le travail reçu est éprouvé.
Elle a le savoir à intégrer.

Elle devra laisser œuvrer.
Son corps saura s'appliquer.
Son esprit ne doit pas s'opposer.
C'est juste sa réalité à guider.

Sa souffrance est passée.
Ma douleur évaporée.
Son pouvoir est révélé.
Ma part honorée.

Elle s'est délivrée.
Je suis ravi et apaisé.
Je suis le lien reparti.
Elle sait l'empathie.

Accompli

Je l'ai vue.
Je l'ai dite.
J'ai gardé le sort seul.
Il s'est accompli.
Je l'ai constaté, je l'ai accepté.

Je l'ai vue.
Je l'ai dite.
J'ai dévoilé son sort à l'autre.
Il s'est accompli.
L'autre l'a constaté, il a dû faire avec.

Je l'ai vue.
Je l'ai dite.
J'ai accompagné l'autre, vigilent et réactif pour lui.
Le sort s'est accompli.
Je l'ai constaté, on a bien réagi.

Je l'ai vue.
Je l'ai dite.
J'ai prévenu l'autre à être vigilent et réactif sur les faits.
Le sort s'est accompli.
L'autre l'a subi, il l'a mal vécu.

Je la vois.
Je la dis.
C'est moi, c'est l'autre, ou c'est le sort lui-même qui va agir.
Il s'exécute.
J'évalue ma part d'implication et celle de l'autre.
Il s'exécute, je l'accompagne.
Je fais ce que je peux sans savoir l'autre pourquoi.
Il s'exécute, je l'accepte.
J'assiste au sort ou j'en serai informé plus tard.
Il s'exécute, je le sais.

Je la vois.
Je la dis.
Le sort s'accomplit.
Je vis le secret de la magie.

Les gens

L'information semble dépasser notre entendement.
Probabilité, hasard, chance, coïncidence, concours de circonstances, synchronicité, etc. Tout simplement balayé, tout a été dépassé, tout a craqué, tout a été pulvérisé.

Tous ces gens.
Tous posés là où je suis venu.
Je suis venu là où ils sont arrivés.
Aucune intention apparente ni apparemment possible.
Ils ne se connaissent pas, ni d'hier ni d'aujourd'hui.
Je les connais tous, depuis mon jeune âge d'hier.
Ils viennent tous de là où je suis parti.
Ils sont beaucoup trop nombreux ici.
Ils ne peuvent pas l'avoir choisi.

J'ai été mis devant le fait accompli.
Je ne les ai ni cherchés ni évités.
J'en ai revu et côtoyé certains.
Je n'ai même pas croisé les autres.
Il n'y a pas de pourquoi ou comment.
Certains ont un impact concret sur les évènements.
Pour d'autres, rien d'apparemment flagrant.
Il arrive que je sache après coup, comme souvent.
Je peux voir et savoir le sort devant tout le monde.
Il y en a autant à l'inverse pour ce qui semble évident à tous.
Mais ils sont là, je le sais, et j'y suis aussi.

A ce niveau, à cet endroit, à cette quantité, à cette absence
de raison et de cohérence, je vous l'assure, il n'y a plus de
repères, ça n'est pas audible, ça n'est pas possible.

Qu'est-ce que cela signifie ?
Qui oriente ce genre de choses ?
Certains restent, d'autres repartent.
Ils repartent à des moments marqués.
Comme disparus une fois le travail accompli.
Je suis comme aimanté à ces gens.
Aucun n'est aimanté avec les autres.
Ils sont tous issus de là où je suis parti.
Jamais de contact durable installé entre nous.
Mon parcours s'est étrangement posé ici.
Assez loin de tout, lieu détaché de toute intention.
Leur parcours s'est également posé en cet endroit.

Je vous l'assure, oubliez même toutes raisons économiques,
sociales, environnementales, morales, physiques, pratiques,
spirituelles, philosophiques, culturelles ou autres.

Pour ce que j'en connais, peu ou pas de cohérence.
Aucun ne sait vraiment comment et pourquoi il est ici.
Juste énumérer une suite de faits ni souhaités ni refusés.
Sauf moi, sans savoir que j'allais trouver tout ça.
Pourtant, chacune de ces personnes a toujours eu un rôle.
Une action souvent brève et inaperçue sur le moment.
Mais un rôle forcément significatif à chaque fois.
Pourtant, rien ne suffit à raisonner l'ampleur des faits.
Rien ne permet d'imaginer vivre ou voir cela.
Ni pour moi ni pour un autre, ni ici ni ailleurs.
L'ampleur est telle que c'est inconcevable.
Ça ne peut être entendu par personne autour de moi.

Je suis seul à tenir les liens inexpliqués de cet impensable.

C'est comparable à ma connaissance des sorts accomplis.

J'ai toujours vécu avec ces situations à part du monde.

De toute évidence, elles ont dû se passer au secret.

Surtout ne pas déranger ceux qui ne voient pas.

C'est compliquer les choses de vouloir les mobiliser.

C'est beaucoup plus simple de seulement accompagner.

Seulement le sort que l'on voit et que l'on sait.

Cela n'empêche pas d'en parler.

Il est plus sain de ne pas faire du secret un tabou.

Libre à chacun de s'y intéresser sans nécessité absolue.

Pourtant, il semblerait intéressant d'en prendre conscience.

L'implication consciente de chacun semble légitime.

Vu le degré atteint, les possibles paraissent illimités.

La mainmise sur le scénario est invraisemblable.

Cette main est à l'œuvre.

Qui la fait agir ?

Comment et pourquoi ?

Quelles sont les conditions de ses agissements ?

Cette main atteint beaucoup de gens inconscients.

Pourrait-elle être consciente à chacun des intéressés ?

Est-il souhaitable que tous puissent voir et savoir ?

Pourraient-ils alors prendre part active au sort ?

Le destin s'en trouverait-il plus apaisé, plus serein ?

Au-delà d'observer ou de composer quelques histoires voulues invraisemblables, s'agissant de manifestations non-ordinaires et formellement inexpliquées, les faits qui se présentent à moi sont nombreux et variés. Trop nombreux pour que je puisse les ignorer. Le constat et la discussion sont peu abordables sans que l'on soit impliqué à vivre les faits personnellement. Alors, je n'ai jamais trouvé plus d'intérêt et de cohérence ailleurs que dans l'observation et le simple constat de mon vécu ordinaire. Il ne me semble pas nécessaire de devoir invoquer l'extraordinaire, ni religions, ni forces surnaturelles, ni formes de vies supérieures, ni fantômes, ni esprits extra-humains, ni théories d'univers virtuels ou multiples, etc. Peut-être simplement une affaire d'information. C'est certes déconcertant à vouloir l'imaginer, l'analyser sans le vivre, ou encore le vivre à la seule force d'un entrainement acharné vers son illusion parfaite. Beaucoup plus simple à vivre en réalité. C'est une affaire complexe qui se trouve bien simplifiée et évidente quand elle vous habite naturellement. Ça se passe peut-être simplement entre nous, à un niveau moins perceptible pour certains. Il convient peut-être de mieux éclairer les consciences, ou moins les contraindre. Il pourrait être question d'envisager de coopérer en conscience, sans tomber dans l'illusion et la souffrance d'un pouvoir absolu.

L'information dépasse notre entendement.
Probabilité, hasard, chance, coïncidence, concours de circonstances, synchronicité, etc. Tout simplement balayé, tout a été dépassé, tout a craqué, tout a été pulvérisé.

Magicienne

Elle est là, je le sais, je la vois, je ne sais pas qui elle est.
Elle a disparu, je le sais, je ne la vois plus, je sais qui elle est.

Parmi eux, les gens, il y a elle.
Son histoire est la plus lointaine.
Son histoire est la plus proche.
Je n'ai retenu qu'elle.

Elle fait vivre mon mystère humain.
Tout petit, je me suis trouvé à ses côtés.
Toute petite aussi, elle avait une robe à carreaux.
C'est en réalité que je dois accepter cet idéal féérique.

Je ne pensais pas à elle, ou peu.
On ne se parlait pas, ou peu.
On ne se regardait pas, ou peu.
On ne s'éloignait pas, ou peu.
Je la savais là, et c'était tout.

Tous les jours, elle était pareille.
Je ne sais pas si j'existais pour elle.
Je ne me suis pas soucié de sa présence.
Elle faisait partie de moi sans aucune appartenance.
Tant d'attachement en toute liberté.
Tant de pareils en toutes différences.
Tant d'amour sans bruits ni gestes.
Une fille sans cheveux longs, mais parfaite.

Qu'elle ait eu les cheveux longs ou pas, que sa robe ait été à
carreaux ou pas, son âme était à part et c'était tout.

Ce qui semble prédominer pour d'autres m'apparait comme un monde très réduit. Un consensus agité d'une société seulement matérielle, très limitée et insuffisante.

Avec elle, tout est là, en pleine réalité, sans réduction, sans agitation insensée, pleine conscience, tout ce qui compte est dévoilé, c'est ma vérité, elle existe aussi en sa présence, c'est une évidence. J'étais comme habitué de toujours.

Elle a disparu de mon décor.

Je ne peux pas me souvenir de m'en être aperçu. Peut-être que je ne veux pas m'en souvenir. Le fait est qu'elle a disparu. J'ai toujours été seul à occuper mon monde. Quand elle était là, elle habitait évidemment ce même monde. Puis, elle a disparu. Maintenant, mon monde était vide d'humain sans jamais avoir su qu'il puisse l'être.

Inutile de chercher, je l'ai perdue, je l'ai oubliée. On a été séparés. C'était aussi insignifiant que de s'être trouvés. Elle était à quelques mètres de moi. Je ne le savais pas, ou je ne voulais pas le savoir. Je ne la voyais plus, c'était tout.

La suite a été longue et m'a préparé au chaos malgré moi. Ce que j'appelle 'chaos' n'est que la norme de tout un chacun. J'ai suivi ce qu'il y avait à suivre et à voir. Jamais rien d'autre que le chaos. Grandi de quelques années, j'entends parler de cette fille avec ce même prénom. Un prénom n'affichant pas de rareté notable, aucune discussion particulière, aucun détail concernant cette fille, seulement ce prénom. Sans savoir pourquoi, j'ai été surpris comme si on parlait de mon histoire, comme si je ne la voyais pas passer autour de moi, comme si elle vivait avec tout le monde sauf moi, comme si elle existait encore… Elle était là. Elle avait toujours été là. J'ai cru la voir. J'étais aussi proche de compagnons du chaos dont elle était aussi proche. C'est certain, elle était là. Je le savais mais je ne la voyais pas. Elle ne m'avait jamais quitté et je ne l'avais jamais quittée, mais... on a été séparés, inutile de chercher, je l'ai perdue, je l'ai oubliée.

Peut-être tout ça n'existait pas pour elle, peut-être me voyait-elle passer dans ce chaos... Peu importe, inutile de chercher, je sais que ce monde a existé et il existe toujours pour moi. Nous étions à quelques mètres et je ne la voyais plus, mais c'était elle, et c'était tout.

De temps en temps, il m'était permis d'entendre son prénom comme pour dire qu'elle était toujours là, sans plus de détails. Mais je le savais, elle faisait partie de moi sans aucune appartenance, et elle n'avait pas changé.

Je suis même allé chez elle un soir de gros chaos. C'était aussi chez son frère évidemment. C'était chez lui que je venais avec d'autres, elle n'était pas là ce soir-là, et je ne savais pas que c'était chez elle ni que celui qui nous ouvrait sa porte était son frère. Je l'ai compris plus tard, comme souvent. Peu d'importance, c'est simplement dire que nous étions très proches sans que je ne la vois jamais durant tant d'années. Mais je le savais, on nous avait séparés, elle était là, elle habitait toujours ce même monde, mon monde n'était peut-être pas vide, et c'était tout.

La suite du chaos s'est poursuivie. Ça a été long. Finalement, petit à petit, j'ai intégré le monde du chaos administratif. Vraisemblablement le temps de l'apprendre et de mieux le comprendre. Je suis satisfait de l'avoir fait, je pense l'avoir fait au mieux, j'ai beaucoup appris, et j'ai mis mon monde invisible à l'épreuve en tâchant de le conserver voire de le diffuser. Mais mon monde ne m'a jamais quitté. Ça se sent, ça se tend et ce n'est pas recevable pour l'administration. Les limites du monde administratif ont encore fait sentir leurs douleurs, et je me suis évidemment encore fait retordre très violemment. Ce devait être la fin de ma coopération.

Pourtant, pendant ce temps, je l'ai retrouvée, ou elle m'a retrouvée, ou elle ne m'a jamais quitté, ou je ne l'ai jamais quittée, je ne sais pas. A des centaines de kilomètres de quand nous étions petits, elle était là parmi ceux qui n'avaient aucune raison de se trouver là et qui y étaient aussi. Aucuns liens entre tous ceux-là. Sans savoir qui mène ce sort, j'étais mystérieusement entouré depuis toujours pour le meilleur et pour le pire, et donc peut-être par les meilleurs et par les pires. Sur cette dernière étape de ma coopération avec le chaos administratif, elle était donc aussi là.

Je l'ai côtoyée assez longuement, depuis mon rôle d'alors dans le chaos administratif. Il y avait cette relation en moi, elle faisait partie de moi sans aucune appartenance. C'est unique, mais je n'avais pas le temps de me préoccuper de sensations de ce type. Oublié, insensible. Pourtant, c'était bien là. La question était autant insignifiante que je ne savais pas qui elle était. Pourtant, ce prénom était là. Ça m'est donc passé par l'esprit, mais le chaos administratif laisse peu de place. Il faut comprendre que cette relation est d'un autre monde. Ça n'est pas une simple question d'attirance ou de bonne entente, ni charnelle ni idéologique. C'est un tout indicible qui ne passe que par le cœur sans autre nécessité première, bien plus évident, puissant et léger. Alors, j'étais évidemment comblé de passer un moment à ses côtés. Comme avant, sans rien d'autre, je ne pensais pas à elle, ou peu, on ne se parlait pas, ou peu, on ne se regardait pas, ou peu, on ne s'éloignait pas, ou peu, je la savais là, et c'était tout. Je ne pouvais faire autrement que savoir que c'était elle sans jamais pouvoir envisager un instant que ce soit elle. Aussi étrange que cela puisse paraitre, la question ne s'est jamais posée pour moi. Elle était là, elle faisait partie de moi sans aucune appartenance, et c'était tout.

Puis, son chaos administratif s'est mis à la retordre à peu près en même temps que moi. Juste un peu avant moi. A ce moment, je me suis même retrouvé à devoir aller chez elle. Un moment absolument incohérent, seulement elle et moi, sans aucune raison valable sauf le sort. D'autres personnes avaient décidé que j'allais l'aider à une affaire pour laquelle je n'étais pas vraiment dans mon rôle. J'ai simplement accepté de rendre service. J'y étais, le moment est passé, elle était là, et c'était tout. Elle savait peut-être qui j'étais vraiment, ou pas. Moi, je ne pouvais même pas penser savoir ça. Peu de temps après, rapidement, quelques bruits m'ont éclairé sur qui elle était. D'un coup, d'autres me parlaient d'elle pour me réveiller sans le savoir et me dire qu'elle avait décidé de partir. Ça m'a pété à la gueule en silence. On me laissait entendre des noms, des lieux, des informations qui ne pouvaient plus laisser place à mon ignorance. J'ai même vu l'évidence matérialisée. Elle, je ne l'ai pas revue. Très vite, elle a disparu. Elle est repartie à des centaines de kilomètres, du côté de là où nous avons commencé.

Je sais que c'était elle, elle a disparu, je ne la vois plus. Je le sais, je sais qui elle est.

Elle est partie avec certitude et je n'en sais pas plus. Dès qu'elle eut disparu, ce fut à mon tour de me faire retordre par le monde du chaos administratif. Le moment est aussi marqué comme ça. Pour ma part, je ne suis pas encore reparti. Je ne saurai peut-être plus jamais qui elle est, je le sais, mais elle seule sait faire partie de moi sans aucune appartenance, y a plus qu'à dire merci, et c'est tout.

Merci.

Tout ça est étrange. Je n'ai jamais pensé à elle comme on
pense à quelqu'un. Qu'elle soit là ou pas, la différence est de
tout à rien. Mais je ne me suis jamais soucié de sa présence,
inutile de chercher, nous avons été séparés, nous ne nous
sommes pas quittés, je suis comme habitué de toujours.

Si elle ne sait pas tout ça, si elle ne s'est aperçue de rien, je
n'existe pas pour elle, pas plus que le paysage, c'est normal,
je suis simplement sorcier.
Si elle sait tout ça, elle en sait sûrement beaucoup plus, elle
sait accompagner ma vie entre ses mains de fée, elle éclaire,
elle est grande magicienne.

Que tu saches ou pas, tu connais la lumière, tu es magicienne.

Magicienne,
Ton monde existe ici
Je le garderai toujours fleuri
Je porterai sa beauté en tous lieux
C'est la tienne qui a retenu mes yeux

J'ai retenu ton prénom pour tenir mon âme
J'ai retenu ta douceur pour protéger la fragilité
J'ai retenu ta discrétion pour enchanter le silence

Magicienne,
Ton rêve ouvre le mien
Je sais que ce rêve t'appartient
Je l'accompagnerai entre tes mains
Si tu y laisses vivre mon cœur d'humain

J'ai retenu ta présence pour poser la sagesse
J'ai retenu ta simplicité pour dévoiler la beauté
J'ai retenu ton intelligence pour diffuser la brillance

Magicienne,
Ton âme est cet amour
Cet amour offert sans retour
Cet amour d'un cœur qui fait jour
Cet amour pur qui emplit tout à l'entour

J'ai retenu ta tranquillité pour raviver le calme
J'ai retenu ton image pour recevoir l'acceptation
J'ai retenu ta tendresse pour toucher la délicatesse

Magicienne, merci.

Prophétie

Ne néglige pas la prophétie.
Elle est là pour être choisie.

Si tu l'acceptes, tu transformes.
Tu l'accompagnes, tu choisis.
Il en sort un chemin convenable.

Si tu l'ignores, tu t'opprimes.
Tu la méprises, tu subis.
Il en sort un faix insupportable.

Le grand bluff

N'analyse pas, contente-toi de comprendre.
Mais comprends bien ce qui passe, ce qui se passe.

J'ai passé ma vie à me duper, à chercher à me duper. Quand tu vois et tu sais, tout devient vite invraisemblable. Tout devient invraisemblable parce que l'autre ne veut même pas envisager ta réalité. Tu t'aperçois vite qu'il ne voit pas et qu'il ne sait pas. Puis il te fait vite comprendre que tu le déranges, que c'est mieux que tu te taises, que c'est ce qui va se passer de gré ou de force. Mais pour toi, c'est juste l'immense réalité que tu vas ranger dans l'invraisemblable, pour ne pas trop déranger ces gens. Tu vas la ranger pour simplement continuer de vivre. Moi, je l'ai un peu rangée, un petit bout, un petit moment. J'ai essayé de me faire discret, normalisé, agité et orgueilleux comme tout le monde... Je l'ai fait pour continuer de vivre, pour continuer de vivre ce que d'autres appellent l'extraordinaire. Un monde merveilleusement plus vaste que le consensus reconnu par tout un chacun. Ce consensus en fait bien sûr partie, je le vis également. C'est simplement que l'autre ne veut pas ou ne peut pas voir et savoir, je me demande encore. Mais tu dois vivre avec eux. Ils paraissent très bizarres et compliqués. Il faudrait accepter qu'ils soient des pantins, qu'ils ne sont pas fous, pas méchants, pas cons, qu'ils ne voient vraiment pas. C'est peut-être aussi ça la vie quand tu acceptes de voir et de savoir. C'est aussi ça la vie quand tu vis de ton cœur. J'aime cette vie plus que tout. J'aime vivre à cœur ouvert plus que tout.

Alors, tu es seul à explorer ce monde plus grand. Plus grand de tous les sens, dehors autour de toi, et dedans dans ton corps. Tu te vois mener ce monde, et tu vois les autres mener ce monde. Tu vois ce monde te mener, et tu vois ce monde mener les autres. Tu sembles en être conscient, les autres semblent aveugles, sourds et insensibles. Et pourtant, ils bougent avec, et ils le font bouger inconsciemment. Tu dois explorer seul. Tu dois apprendre. Tu dois continuellement mettre en jeu ta réalité. Tu dois aller toucher, tester et valider ce qui fonctionne et ce qui ne fonctionne pas. Tu dois discriminer la réalité qui s'impose du rêve qui s'évapore. Ta réalité est un rêve pour les autres, un rêve impensable, un rêve interdit, un délire, une aberration, une maladie, un danger... Les rêves qu'ils peuvent faire, ils te les racontent, ils y recréent leur enfermement et leur souffrance d'être enfermés. Moi, je rêve peu, je ne rêve pour ainsi dire pas.

Alors, tu passes beaucoup de temps à chercher à te duper pour éprouver ta réalité et ton rêve. Tu sais, c'est un peu comme jouer à se prendre soi-même en flagrant délit d'abus de sensations. Par jeu, avec même un petit plaisir de pouvoir savourer son autodérision, le plaisir de gagner sa faille humaine avec rire et compassion. C'est tellement plus grand que leur monde, que tu cherches l'erreur pour ne pas la laisser t'avaler. Mais l'univers a toujours raison, il te le prouve de façon implacable, il te fait toucher, il te touche, il te le fait entrer, il te le fait sortir, il entre en toi, il sort de toi, il vit, tu vis sans y échapper. Quand tu vois, quand tu sais, tu dois accepter la raison comme le tort, le juste comme l'erreur, cette réalité comme la tienne. Tu n'as pas le choix. Plus tu testes en contre, plus l'univers t'expose concrètement à l'invraisemblable.

Alors, tu vis avec cet univers, tu joues sans abuser, il t'accompagne bienveillant, tu le suis sereinement, il te montre ses merveilles et ses dangers, tu grandis ton corps et ton esprit. Puis, tu observes l'autre. Tu ne le comprends toujours pas, mais il faut vivre avec lui. Tu apprends à trouver un équilibre acceptable, un consensus avec son consensus. Tu apprends aussi à accepter de comprendre qu'il ne comprend pas. Tu finis par le comprendre. Tu comprends qu'il ne comprend pas ce que tu comprends, comme tu ne comprends pas ce que l'univers comprend.
Alors, tu l'aimes, tu l'aimes beaucoup, comme toi-même, tu as beaucoup de compassion pour lui comme pour toi-même, tu l'acceptes, tu l'accompagnes.

Mais voilà, j'aime jouer. La vie est un jeu. Je joue pour le plaisir avec un partenaire qui m'a appris le plaisir de jouer, le sérieux d'en rire, l'honnêteté d'être sincère, le bonheur de se partager, le respect de s'aimer, l'amour à connaitre par cœur. On joue sans perdre ni gagner, juste pour le frisson de se bluffer en réalité. Aujourd'hui, c'est un coup de maitre qui vient. C'est immense. C'est mon plus grand bluff, ou le sien. C'est moi ou l'univers qui réalise. C'est lui ou c'est moi. La partie semble toucher à sa fin. En fait, rien n'est sûr. En fait, on joue ce coup ensemble, comme on l'a toujours fait. En fait, cette partie qu'on joue à deux, on l'a toujours jouée en un seul joueur. En fait, dans ces conditions, le jeu a bien lieu, mais la partie n'a jamais vraiment commencé, elle ne finira peut-être jamais.
Je vais mourir. On a joué à mourir plein de fois. Mais cette fois, c'est le grand bluff. L'univers a toujours raison. Comme j'ai toujours vécu avec lui, je ne me suis jamais trompé à voir et à savoir. On joue ensemble. On joue tout ensemble. On joue nos bluffs ensemble. Il y a quelques temps, l'univers m'a

dit quand j'allais mourir. J'ai dû accepter ce sentiment de savoir qu'on allait peut-être se séparer à ce moment-là. C'était il y a longtemps. En attendant, on a beaucoup joué. Mais ce moment est venu. Ce n'est peut-être que du bluff, on ne sait plus, on ne veut plus savoir. Mais on va savoir.
Ce printemps, il est question que je meure. C'est mon plus grand bluff. Si j'ai raison, il a raison, j'ai gagné, il a gagné, la partie s'arrête, la mort me prend, on continue à jouer ensemble. Si j'ai tort, il a tort, j'ai perdu, il a perdu, la partie s'arrête, la vie me garde, on continue de jouer ensemble.

J'aime l'univers, il est l'expression d'un cœur. J'ai toujours vécu par cœur et j'ai appris à connaitre ce cœur plus loin, j'aime ça. Peu importe si je gagne ou si je perds, on continue ensemble, je vous aime.

Pour en finir...

L'infini continue de tourner.
Je ne veux pas me séparer de mon monde, j'en demande plus.

Entre mon monde et celui qui semble faire consensus pour les gens de société bien-pensante, les valeurs et priorités essentielles s'opposent fortement. La compréhension n'est que rarement au rendez-vous, la violence et la souffrance que je vois en face ne seront jamais approuvées chez moi. Nos préoccupations divergent, et trop de leurs faits divers m'échappent. Ils me semblent cultiver, véhiculer et souffrir une foule d'évidences qui m'échappent. Certaines d'entre elles semblent même me concerner directement. C'est mon ignorance. J'en suis informé après coup, lorsque la course des éléments les a mis hors d'atteinte, acté pour eux et ignoré pour moi. Ces évènements sont de peu d'intérêt et sans importance pour le seul référentiel de ma réalité, mais potentiellement lourds de sens et de conséquences dans leur monde. Il y en a tout autant à l'inverse. Cependant, je ne parle plus de faits divers mais bel et bien du sort, acté pour moi et ignoré pour eux. Un sort inspiré et réalisé dont ils ignorent toute évidence et cohérence. Ce sort est d'une importance cruciale dans mon monde, et je ne peux que constater qu'il le soit aussi dans le leur. C'est aussi au travers de cette ignorance du sort que je vois leur désarroi et leur souffrance s'organiser. Bien sûr, je reçois ce désarroi et cette souffrance, mais je ne pourrais m'y laisser figer.
Alors, la cohabitation est difficile.
Blackout.

D'un monde à un autre ou de l'un à l'autre, il faut souhaiter que l'entraide puisse rester un élément important. La collaboration et le plein soutien de celui qui le peux pour l'autre font partie des fondamentaux que chacun peut accompagner. Mais, par-dessus tout, sachez bien que personne ne peut empêcher l'autre de vivre ou de mourir. Penser autrement est une folle perte de soi. Croire être en capacité de mener seul le destin d'un autre, décider même des conditions de vie ou de mort d'un autre, croire pouvoir remettre son destin entre les seules mains d'un autre, décider même de lui confier sa vie ou sa mort, tout cela n'est qu'illusion, échec et mise en souffrance inutile.
Personne ne peut empêcher l'autre de vivre ou de mourir.
Alors, la cohabitation est difficile.
Blackout.

Je ne veux pas me séparer de mon monde, j'en demande plus.
Je forme le vœu que ce monde soit ouvert à tous.
Que chacun puisse s'en saisir en conscience.

... place au blackout.

L'auteur

Basty
basty.ecce@gmail.com
www.etreconscient.com

Autres parutions

* *être conscient - 2023 - 2024*
* *cœur de conscience (extrait de 'être conscient') - 2023 - 2024*
* *Réfléchis - hypothèse & notion - 2024*
* *notion - humain entre terre et ciel (extrait de 'Réfléchis') - 2024*
* *hypothèse - le vivant en réflexion (extrait de 'Réfléchis') - 2024*
* *Verbal - énoncé de ta réalité - 2024*
* *essentiels - repenser l'origine - 2024*
* *ecce - humain à mi-chemin (contient : être conscient, Réfléchis, Verbal et essentiel) - 2024*
* *accord pensé - l'esprit des mots - 2024*

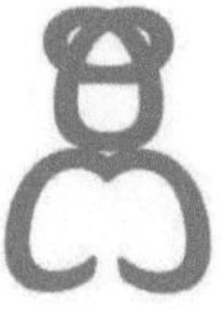

Édition : BoD · Books on Demand, 31 avenue Saint-Rémy, 57600 Forbach, bod@bod.fr
Impression : Libri Plureos GmbH, Friedensallee 273, 22763 Hamburg (Allemagne)
ISBN : 978-2-3224-8719-6
Dépôt légal : janvier 2025